ANIMALES VIAJEROS

Producido por **Lúdico Ediciones**
info@ludicoediciones.com.ar
www.ludicoediciones.com.ar
Texto **Gabriela Burín**
Ilustraciones **Mariela Califano**

Animales viajeros
Colección **Huellas de elefante**
2da. edición, 2000 ejemplares
Impreso en AGI Artes Gráficas Integradas
Buenos Aires, Abril 2018
ISBN: 978-987-3821-00-4

Burín, Gabriela
    Animales viajeros / Gabriela Burín ; ilustrado por Mariela Califano. - 2da.
ed. - Ciudad Autónoma de Buenos Aires : Lúdico Ediciones, 2018.
    32 p. : il. ; 20x20 cm.

    ISBN 978-987-3821-00-4

    1. Libros para Niños. I. Califano, Mariela, ilus. II. Título
CDD 808.899 282

ANIMALES VIAJEROS

GABRIELA BURÍN   MARIELA CALIFANO

lúdico
ediciones

TRES CERDOS Y UNA LANGOSTA
VERANEAN EN LA COSTA.

ELLA VENDE ARTESANÍAS
MIENTRAS ELLOS TODO EL DÍA
SE PASAN EN LA CAMA
COMPLETANDO CRUCIGRAMAS.

EN UN BALNEARIO VECINO
DOS LAGARTOS Y UN PINGÜINO
VENDEN HELADOS DE PERA
DEBAJO DE UNA PALMERA.

EL ERIZO COMPRÓ UNO
Y ESE FUE SU DESAYUNO.

LA CEBRA Y EL ELEFANTE
ANDAN EN CASA RODANTE.

ELLA BRONCEA SUS RAYAS
EN LA HAMACA PARAGUAYA.
EL MIRA TV POR CABLE
DESDE LA PILETA INFLABLE.

DOS JIRAFAS EN BIKINI
VAN A LA ISLA SANTORINI
EN LA POPA DE UN CRUCERO
QUE LES COSTÓ UN BUEN DINERO.

PERO DISFRUTAN DEL SAUNA
CON LO MEJOR DE LA FAUNA.

UN CIENPIES Y TRES ARAÑAS
PREFIRIERON LA MONTAÑA.

APROVECHARON LA PENDIENTE
PARA VOLAR EN PARAPENTE.
¡QUÉ FANTÁSTICO MOMENTO
BAILAR ASÍ CON EL VIENTO!

UN GRUPO DE DIEZ VENADOS
LLEGA A LOS PICOS NEVADOS.
NO PARAN DE SACAR FOTOS
HACIENDO GRAN ALBOROTO.

¡CON EL FRIO DEL INVIERNO
SE LES CONGELAN LOS CUERNOS!

TODO ANIMAL EN VERANO
ANTES QUE CAMBIE EL PELAJE.

MÁS TARDE O MENOS TEMPRANO
DEBE ARMAR EL EQUIPAJE.

SEA AL NORTE O SEA AL SUR
SEA RATA O SEA GANSO

SEA SOLO O CON UN TOUR
SE MERECE UN BUEN DESCANSO.

Este libro se terminó de imprimir en AGI Artes Gráficas Integradas,
Ciudad Autónoma de Buenos Aires, en el mes de abril de 2018.